Made in the USA
Monee, IL
30 October 2022

16850824R00065